Impressum
Verlag: BABADADA GmbH, Nedderfeld 112 , 22529 Hamburg
Geschäftsführer / Verlagsleitung: Harald Hof
Druck: Books on Demand GmbH, In de Tarpen 42, 22848 Norderstedt

Imprint
Publisher: BABADADA GmbH, Nedderfeld 112 , 22529 Hamburg, Germany
Managing Director / Publishing direction: Harald Hof
Print: Books on Demand GmbH, In de Tarpen 42, 22848 Norderstedt, Germany

1

классная комната
ruang kelas

делить
membagi

$186/2$

доска
papan

школьный двор
halaman sekolah

учитель
guru

бумага
kertas

писать
menulis

ручка
pena

письменный стол
meja kerja

линейка
penggaris

книга
buku

ученик
murid

ранец

tas sekolah

пенал

tempat pensil

карандаш

pensil

точилка

pengasah pensil

ластик

penghapus

альбом для рисования

kertas gambar

рисунок

gambar

кисточка

kuas

коробка красок

kotak cat

ножницы

gunting

клей

lem

тетрадь

buku latihan

домашняя работа

pekerjaan rumah

цифра

angka

прибавлять

tambhakan

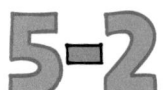

вычитать

mengurangi

умножать

mengalikan

считать

menghitung

буква

huruf

алфавит

alfabet

слово

kata

текст

teks

читать

membaca

мел

kapur

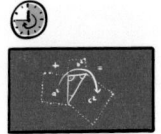

урок

pelajaran

классный журнал

daftar

экзамен

ujian

диплом

sertifikat

школьная форма

seragam sekolah

образование

pendidikan

энциклопедия

ensiklopedi

университет

universitas

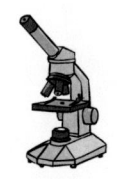

микроскоп

mikroskop

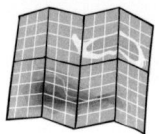

карта

peta

корзина для бумаг

tempat sampah

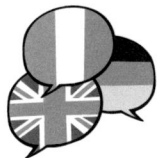

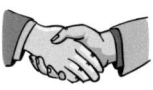

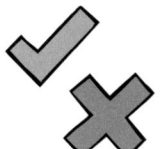

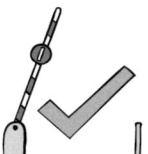

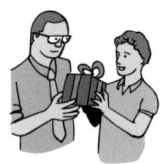

путешествие
perjalanan

гостиница
hotel
Grand
турбаза
hostel
ROOMS
пункт обмена валюты
kantor pertukaran mata uang
EXCHANGE
чемодан
koper
автомобиль
mobil

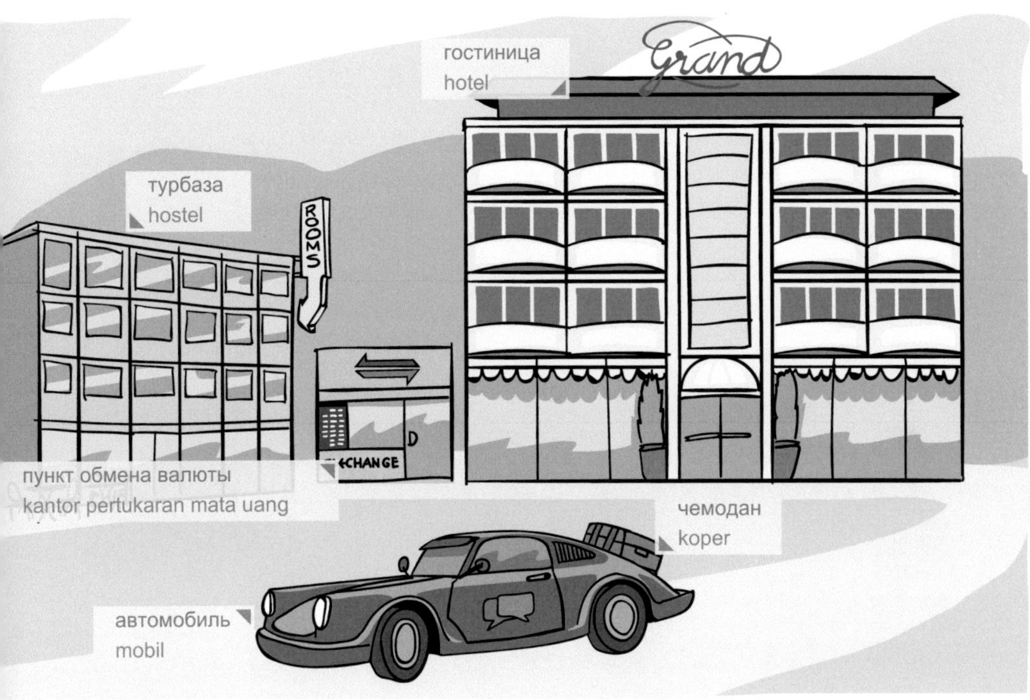

язык

bahasa

да / нет

ya / tidak

хорошо

okay

Привет

hallo

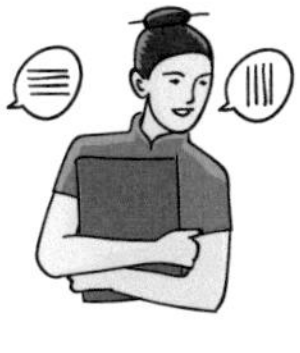

переводчик

penerjemah

Спасибо

terima kasih

Сколько стоит...?

Berapa harganya...?

Я не понимаю

saya tidak mengerti

проблема

masalah

Добрый вечер!

Selamat malam!

Доброе утро!

Selamat siang!

Доброй ночи!

Selamat tidur!

До свидания

sampai jumpa

направление

arah

багаж

bagasi

сумка

tas

рюкзак

ransel

гость

tamu

комната

ruang

спальный мешок

kantong tidur

палатка

tenda

туристическая информация
informasi wisata

пляж
pantai

кредитная карточка
kartu kredit

завтрак
sarapan

обед
makan siang

ужин
makan malam

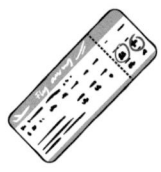

билет
tiket

лифт
elevator

почтовая марка
perangko

граница
perbatasan

таможня
cukai

посольство
kedutaan

виза
visa

паспорт
paspor

транспорт
transportasi

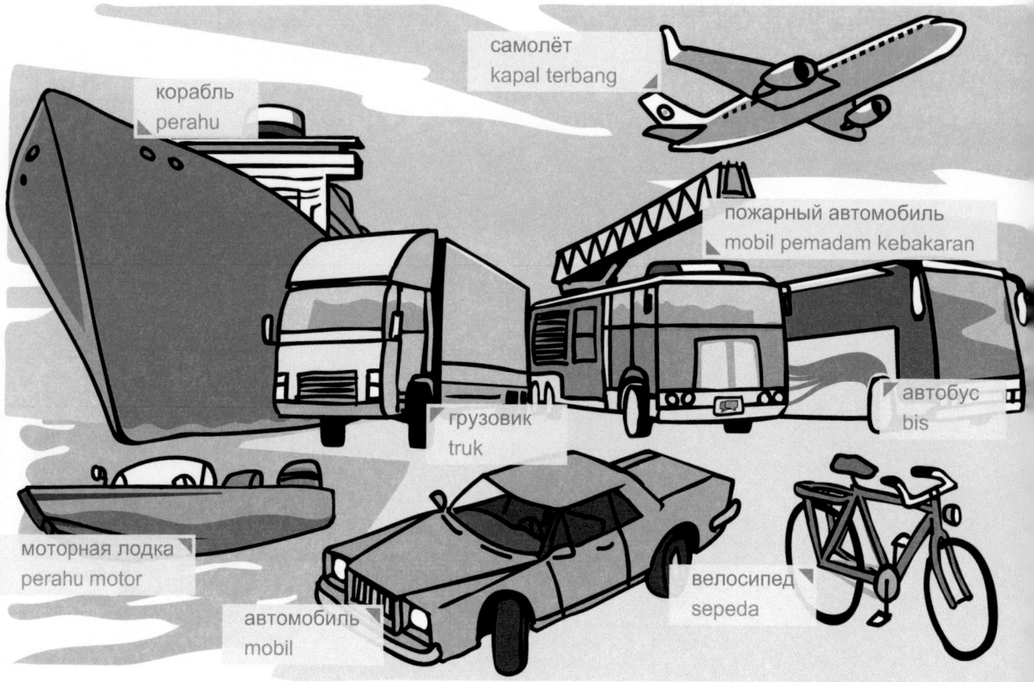

корабль
perahu

самолёт
kapal terbang

пожарный автомобиль
mobil pemadam kebakaran

автобус
bis

грузовик
truk

моторная лодка
perahu motor

велосипед
sepeda

автомобиль
mobil

паром
feri

лодка
perahu

мотоцикл
sepeda motor

полицейский автомобиль
mobil polisi

гоночный автомобиль
mobil balapan

арендованный
автомобиль
mobil sewa

совместное пользование
автомобилями

berbagi mobil

буксировочный
автомобиль
truk derek

мусоровоз

truk sampah

двигатель

motor

топливо

bahan bakar

заправка

bensin

дорожный знак

tanda lalulintas

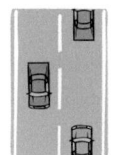

движение

lalulintas

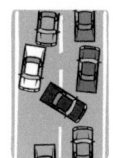

пробка

macet

автостоянка

parkir mobil

вокзал

stasiun kereta

рельсы

trek

поезд

kereta api

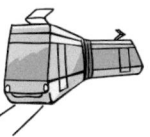

трамвай

tram

вагон

gerobak

вертолёт

helikopter

аэропорт

bendara

вышка

menara

пассажир

penumpang

контейнер

container

коробка

karton

тележка

troli

корзина

keranjang

взлетать / приземляться

berangkat / mendarat

город

kota

деревня

desa

центр города

pusat kota

дом

rumah

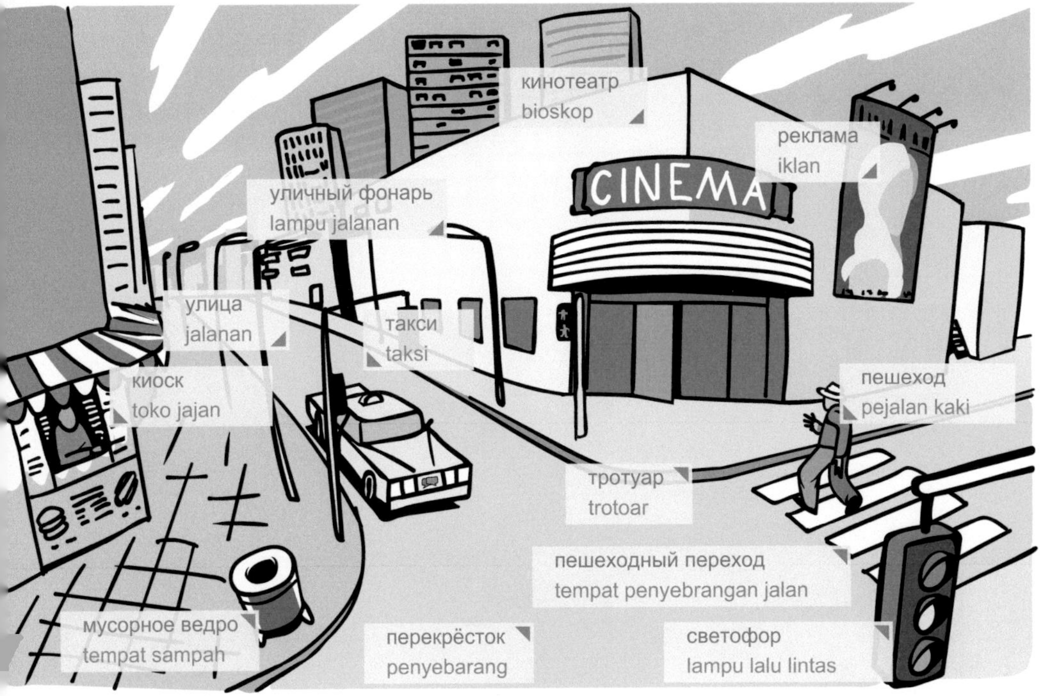

кинотеатр
bioskop

реклама
iklan

CINEMA

уличный фонарь
lampu jalanan

улица
jalanan

такси
taksi

киоск
toko jajan

пешеход
pejalan kaki

тротуар
trotoar

пешеходный переход
tempat penyebrangan jalan

мусорное ведро
tempat sampah

перекрёсток
penyebarang

светофор
lampu lalu lintas

хижина

gubuk

квартира

rumah flat

вокзал

stasiun kereta

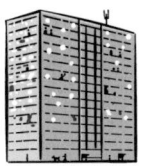

ратуша

balai kota

музей

museum

школа

sekolah

университет

universitas

банк

bank

больница

rumah sakit

гостиница

hotel

аптека

farmasi

офис

kantor

книжный магазин

toko buku

магазин

toko

цветочный магазин

toko bunga

супермаркет

supermarket

рынок

pasar

универмаг

toko serba ada

торговец рыбой

nelayan

торговый центр

pusat belanja

порт

pelabuhan

парк

taman

скамейка

banku

мост

jembatan

лестница

tangga

метро

kereta bawah tanah

тоннель

terowongan

автобусная остановка

pemberhantian bis

бар

bar

ресторан

restauran

почтовый ящик

kotak surat

табличка с названием улицы

tanda jalan

паркометр

meteran parkir

зоопарк

kebun binatang

бассейн

kolam renang

мечеть

mesjid

ферма

pertanian

загрязнение окружающей среды

polusi

кладбище

kuburan

церковь

gereja

детская площадка

tempat bermain

храм

pura

ландшафт

pemandangan

лист
daun

дорожный указатель
penunjuk arah

дорога
jalanan

луг
padang rumput

камень
batu

дерево
pohon

путешественник
pejalak kaki

река
sungai

трава
rumput

цветок
bunga

долина

lembah

гора

bukit

озеро

danau

лес

hutan

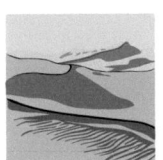

пустыня

padang gurun

вулкан

gunung berapi

замок

istana

радуга

pelangi

гриб

jamur

пальма

pohon palem

комар

nyamuk

муха

lalat

муравей

semut

пчела

lebah

паук

laba-laba

жук

kumbang

лягушка

kodok

белка

tupai

еж

landak

заяц

kelinci

сова

burung hantu

птица

burung

лебедь

angsa

кабан

babi jantan

олень

rusa

лось

rusa

плотина

bendungan

ветряной генератор

turbin angin

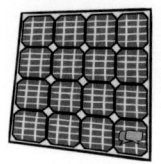

солнечная батарея

panel surya

климат

iklim

ресторан

restauran

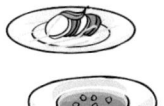

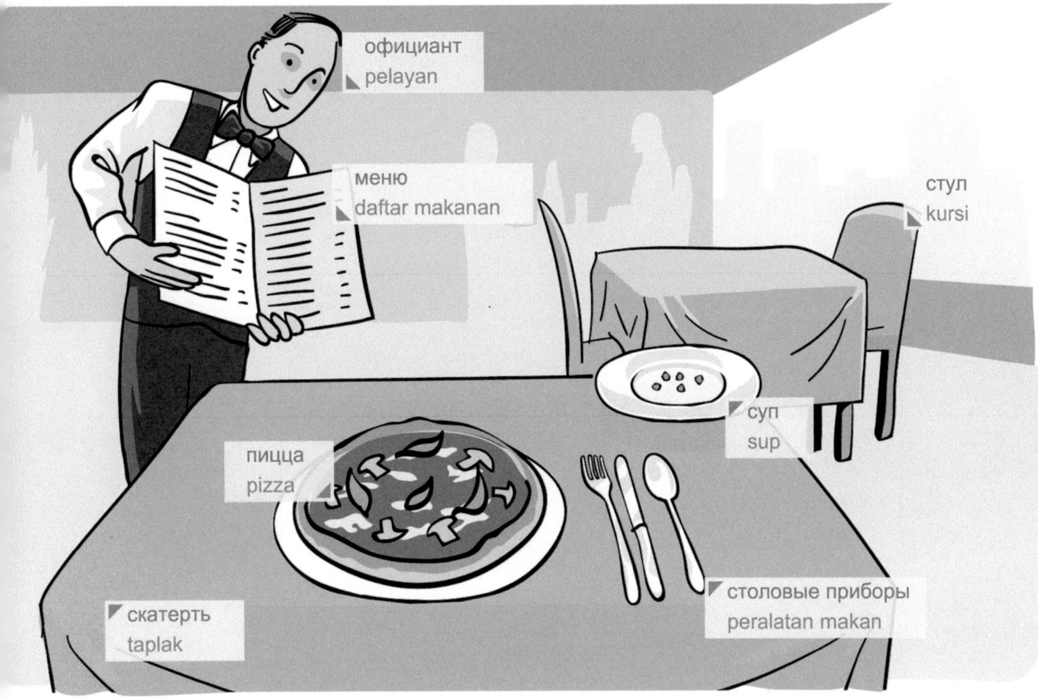
официант
pelayan
меню
daftar makanan
стул
kursi
суп
sup
пицца
pizza
столовые приборы
peralatan makan
скатерть
taplak

закуска

hindangan pembuka

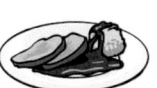

главное блюдо

hidangan utama

десерт

hidangan penutup

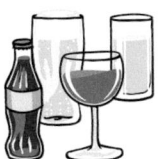

напитки

minuman

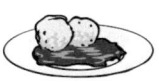

еда

makanan

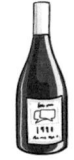

бутылка

botol

фастфуд

fastfood

уличная еда

masakan jalanan

чайник

teko teh

сахарница

kaleng gula

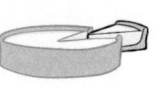

порция

porsi

кофеварка

mesin espresso

детский стульчик

kursi tinggi

счет

tagihan

поднос

baki

нож

pisau

вилка

garpu

ложка

sendok

чайная ложка

sendok teh

салфетка

serbet

стакан

gelas

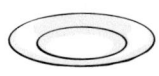

тарелка

piring

суповая тарелка

piring sup

блюдце

lepek

соус

saus

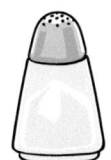

солонка

tempat garam

мельница для перца

gilingan merica

уксус

cuka

масло

minyak

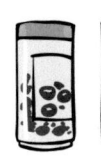

специи

bumbu

кетчуп

saus tomat

горчица

mustar

майонез

mayones

супермаркет
supermarket

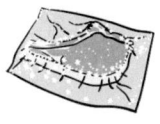

специальное предложение
penawaran khusus
FOR
покупатель
klien
молочные продукты
produk susu
фрукты
buah
тележка для покупок
troli

BUTCHERS

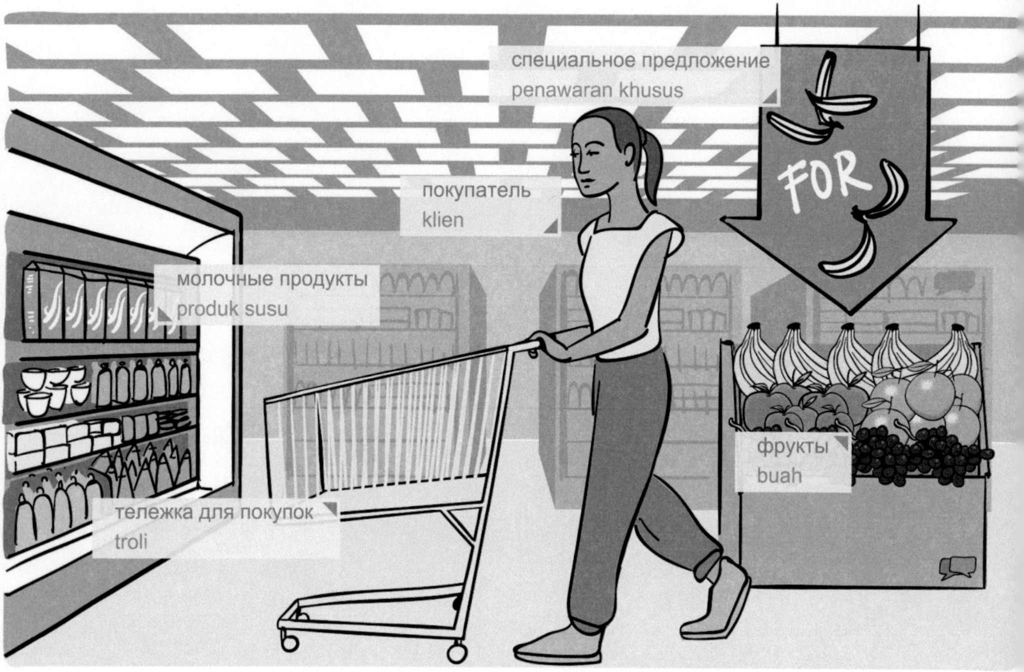

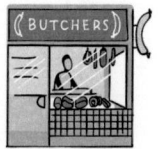

мясной магазин

pembantai

BAKERY

пекарня

toko roti

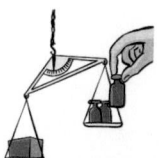

взвешивать

menimbang

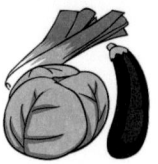

овощи

sayur

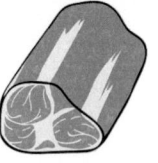

мясо

daging

быстрозамороженные продукты

makanan beku

нарезка

pemotongan dingin

консервы

makanan kaleng

стиральный порошок

sabun serbuk

сладости

permen

предмет домашнего обихода

alat-alat rumah tangga

моющее средство

obat pembersihan

продавщица

penjual

касса

kasa

кассир

kasir

список покупок

daftar belanja

время работы

jam buka

бумажник

dompet

кредитная карточка

kartu kredit

сумка

tas

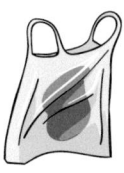

полиэтиленовый пакет

kantong plastik

напитки

minuman

вода

air

сок

jus

молоко

susu

кока-кола

cola

вино

anggur

пиво

bir

алкоголь

alkohol

какао

coklat

чай

teh

кофе

kopi

эспрессо

espresso

капучино

cappucino

банан

pisang

яблоко

apel

апельсин

jeruk

арбуз

semangka

лимон

jeruk lemon

морковь

wortel

чеснок

bawang putih

бамбук

bambu

лук

bawang bombai

гриб

jamur

орехи

kacang

лапша

mi

спагетти

spagetti

рис

nasi

салат

salat

картофель фри

kentang goreng

жареный картофель

kentang goreng

пицца

pizza

гамбургер

hamburger

сэндвич

sandwich

шницель

sayatan

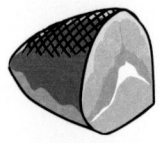

ветчина

ham

салями

salami

колбаса

sosis

курица

ayam

жаркое

menggoreng

рыба

ikan

овсяные хлопья

bubur gandum

мюсли

sereal

кукурузные хлопья

cornflakes

мука

tepung

круассан

croissant

булочка

roti

хлеб

roti

тост

toast

печенье

biskuit

масло

mentega

творог

dadih

пирог

kue

яйцо

telur

яичница

telur goreng

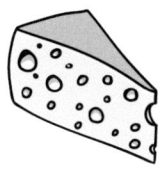

сыр

keju

мороженое

eskrim

сахар

gula

мёд

madu

мармелад

selai

крем с нугой

krim nugat

карри

kare

ферма
pertanian

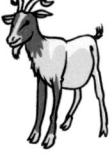

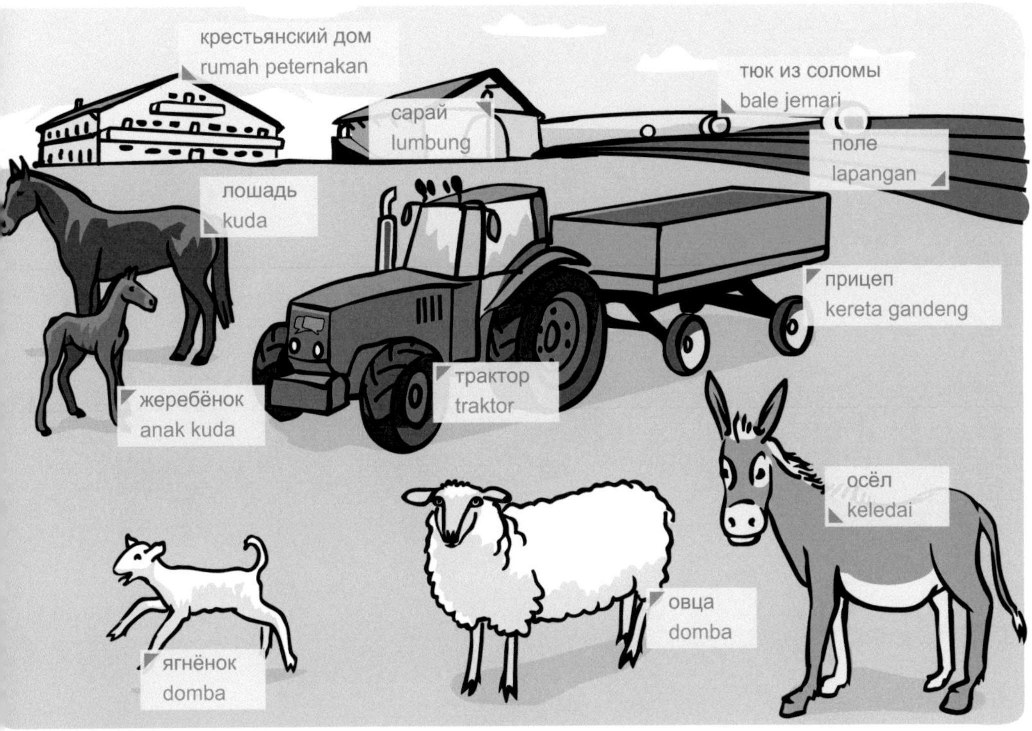
крестьянский дом
rumah peternakan
сарай
lumbung
тюк из соломы
bale jemari
поле
lapangan
лошадь
kuda
прицеп
kereta gandeng
жеребёнок
anak kuda
трактор
traktor
осёл
keledai
овца
domba
ягнёнок
domba

коза
kambing

корова
sapi

телёнок
betis

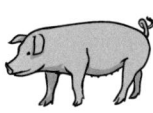

свинья
babi

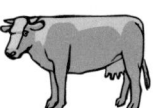

поросёнок
celeng

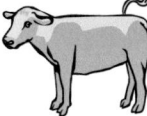

бык
banteng

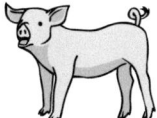

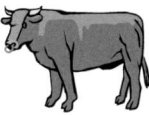

гусь

angsa

утка

bebek

цыплёнок

anak ayam

курица

ayam

петух

ayam jantan

крыса

tikus

кошка

kucing

мышь

tikus

вол

lembu

собака

anjing

конура

rumah anjing

садовый шланг

selang

лейка

penyiram

коса

sabit

плуг

bajak

серп

sabit

мотыга

cangkul

навозные вилы

garpu rumput

топор

kapak

тачка

gerobak

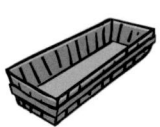

корыто

palung

бидон для молока

kaleng susu

мешок

karung

забор

pagar

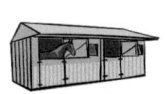

хлев

kandang

теплица

rumah kaca

почва

tanah

посев

benih

удобрение

pupuk

комбайн

mesin pemanen

собирать урожай

panen

урожай

panen

ямс

yams

пшеница

gandum

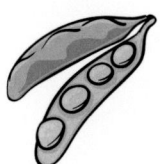

соя

kedelai

картофель

kentang

кукуруза

jagung

рапс

lobak

фруктовое дерево

pohon buah

маниок

singkong

злаки

sereal

дом

rumah

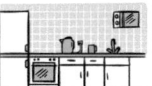

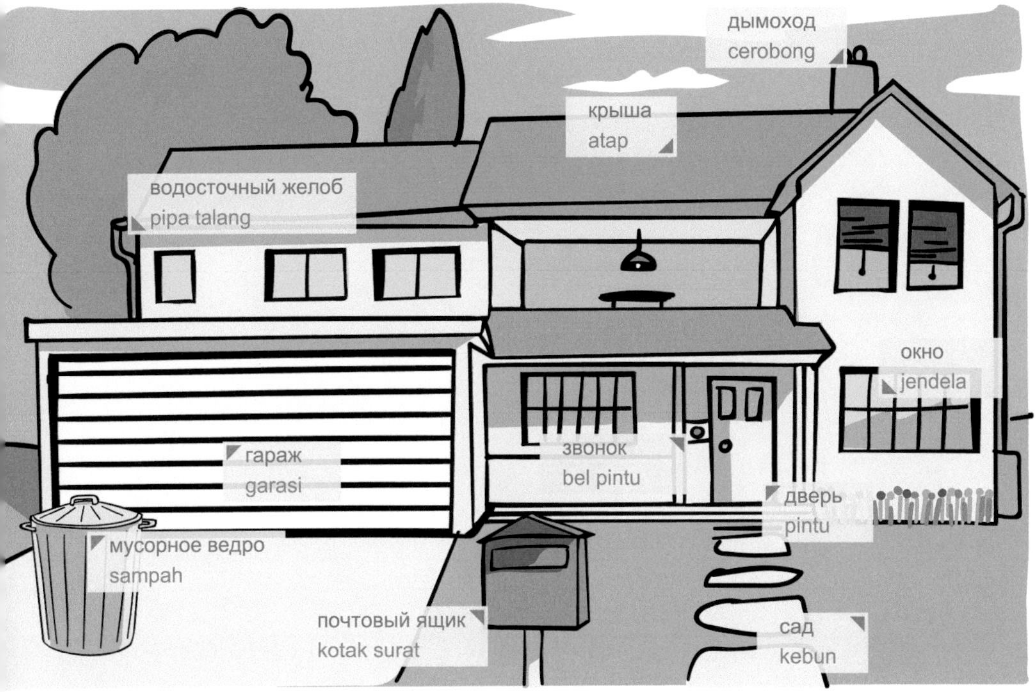
дымоход
cerobong
крыша
atap
водосточный желоб
pipa talang
окно
jendela
звонок
bel pintu
гараж
garasi
дверь
pintu
мусорное ведро
sampah
почтовый ящик
kotak surat
сад
kebun

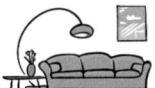

гостиная

ruang tamu

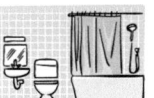

ванная комната

kamar mandi

кухня

dapur

спальня

kamar tidur

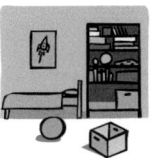

детская комната

kamar anak

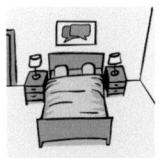

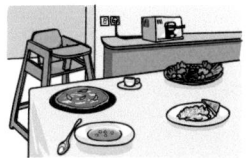

столовая

kamar makan

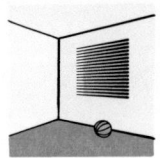

пол

lantai

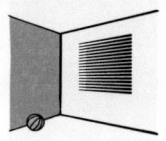

стена

tembok

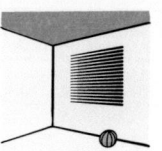

потолок

atap

подвал

gudang di bawah tanah

сауна

sauna

балкон

balkon

терраса

teras

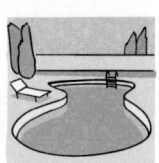

бассейн

kolam renang

газонокосилка

mesin pemotong rumput

пододеяльник

sprei

покрывало

selimut

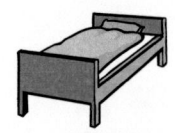

кровать

tempat tidur

метла

sapu

ведро

ember

выключатель

tombol

гостиная
ruang tamu

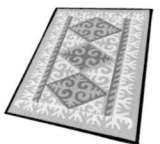

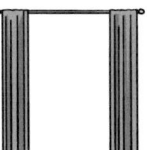

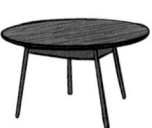

обои
kertas dinding
рисунок
gambar
лампа
lampu
полка
rak
шкаф
kabinet
телевизор
televisi
камин
perapian
цветок
bunga
подушка
bantal
диван
sofa
ваза
vas
пульт дистанционного управления
remote control

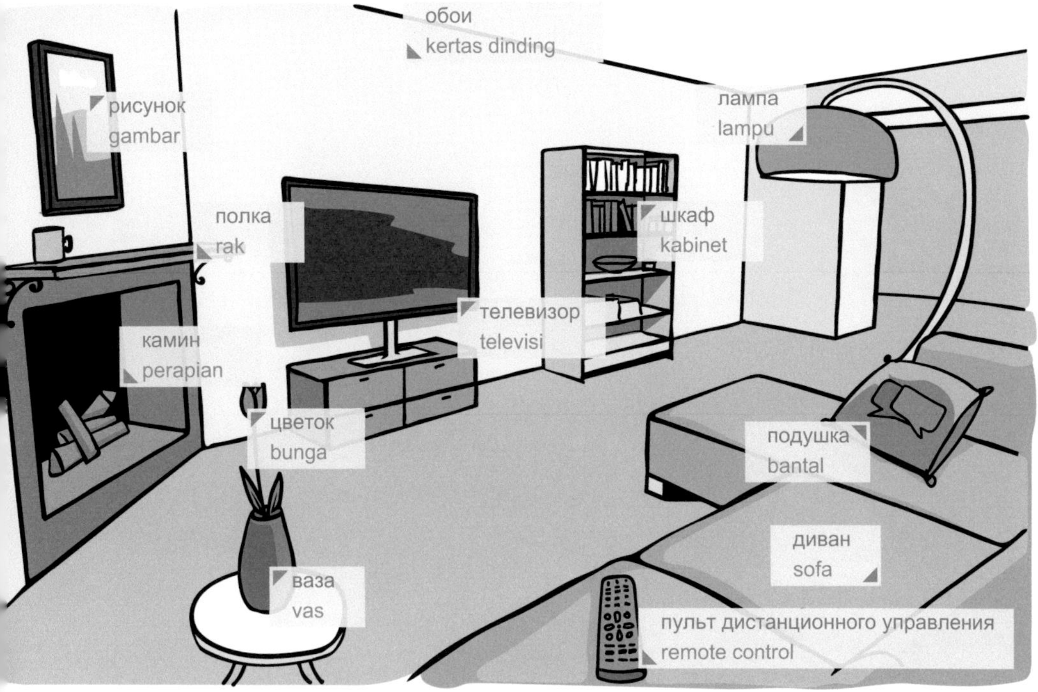

ковёр

karpet

штора

korden

стол

meja

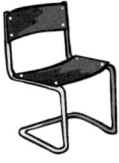

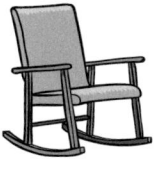

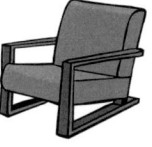

стул

kursi

кресло-качалка

kursi goyang

кресло

kursi malas

книга

buku

покрывало

selimut

украшение

dekorasi

дрова

kayu bakar

фильм

filem

стереосистема

hi-fi

ключ

kunci

газета

koran

картина

lukisan

плакат

poster

радио

radio

блокнот

buku tulis

пылесос

penyedot debu

кактус

kaktus

свеча

lilin

кухня
dapur

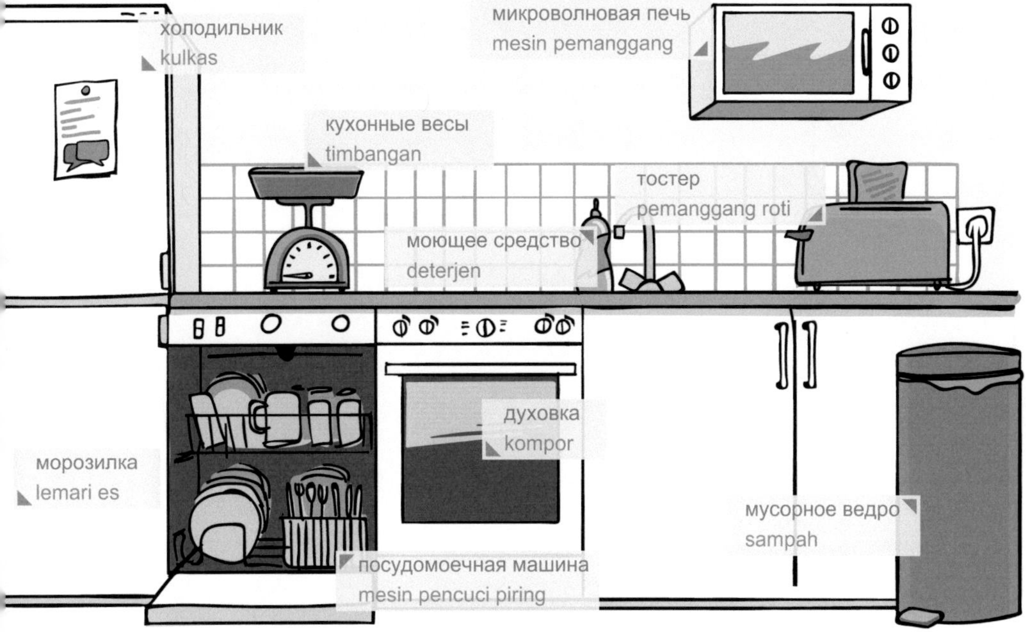
холодильник
kulkas
микроволновая печь
mesin pemanggang
кухонные весы
timbangan
тостер
pemanggang roti
моющее средство
deterjen
духовка
kompor
морозилка
lemari es
мусорное ведро
sampah
посудомоечная машина
mesin pencuci piring

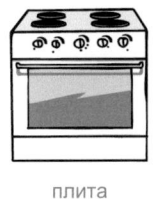

плита

kompor

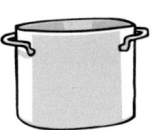

кастрюля

panci

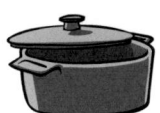

чугунный котелок

panci besi

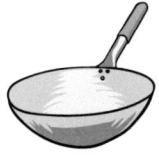

вок / кадай

wajan

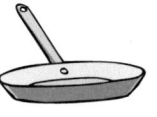

сковорода

panci

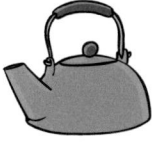

чайник

pemanas air

пароварка

panci pengukus makanan

противень

nampan

посуда

piring

кружка

cangkir

миска

mangkok

палочки для еды

sumpit

половник

sendok sup

лопатка

sudip

сбивалка

mengocok

сито

saringan

сито

saringan

тёрка

parutan

ступка

mortir

гриль

barbeque

костёр

api terbuka

доска

papan memotong

скалка

gilingan

штопор

alat pembuka botol

жестяная банка

kaleng

консервный нож

pembuka kaleng

прихватка

pegangan panci

раковина

wastafel

щетка

sikat

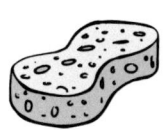

губка

busa

миксер

mesin pencampur

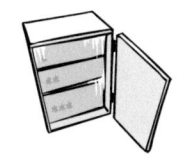

морозильная камера

lemari es

бутылочка для кормления

botol bayi

кран

keran

ванная комната
kamar mandi

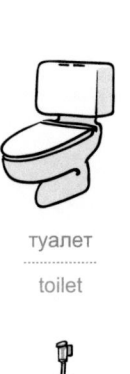

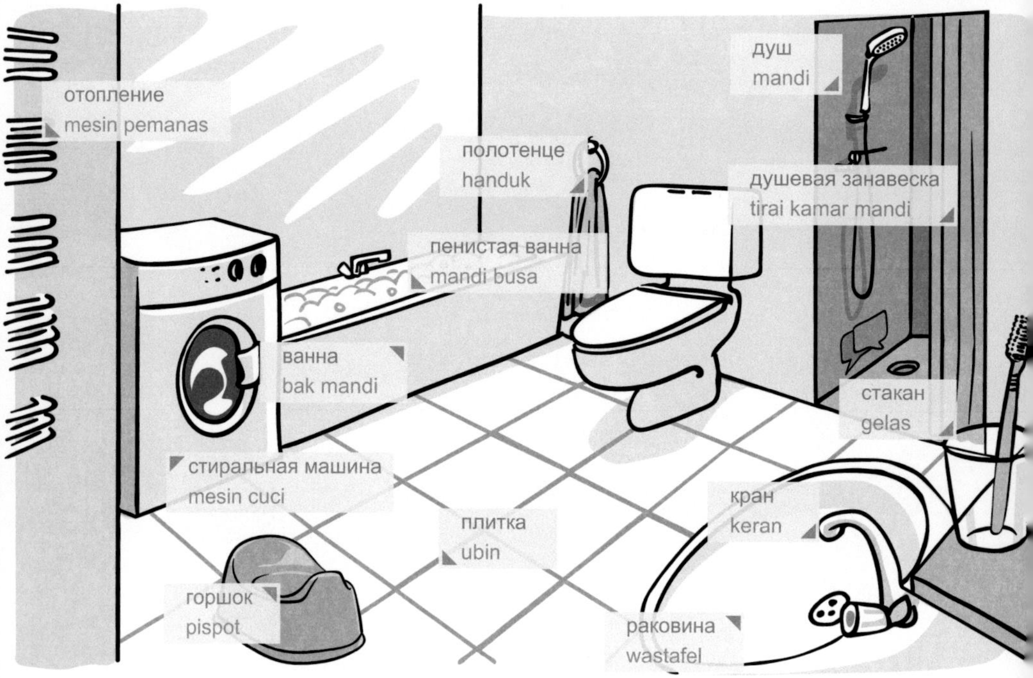

отопление
mesin pemanas
душ
mandi
полотенце
handuk
душевая занавеска
tirai kamar mandi
пенистая ванна
mandi busa
ванна
bak mandi
стакан
gelas
стиральная машина
mesin cuci
кран
keran
плитка
ubin
горшок
pispot
раковина
wastafel

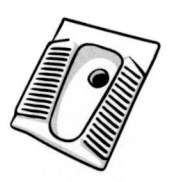

туалет

toilet

напольный унитаз

toilet jongkok

биде

bidet

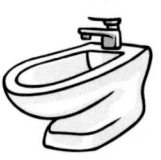

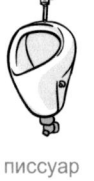

писсуар

pissoir

туалетная бумага

kertas toilet

ершик

sikat toilet

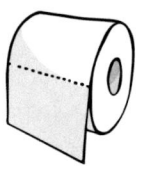

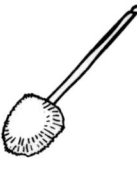

зубная щетка

sikat gigi

зубная паста

pasta gigi

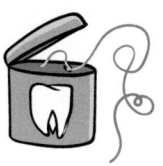

зубная нить

benang gigi

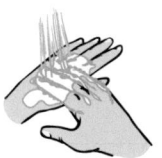

мыть

menyuci

ручной душ

pancuran tangan

интимный душ

pancuran

таз

bak

щетка для спины

sikat punggung

мыло

sabun

гель для душа

gel mandi

шампунь

sampo

мочалка

planel

сток

kuras

крем

krim

дезодорант

deodoran

зеркало

kaca

ручное зеркало

cermin tangan

бритва

pisau cukur

пена для бритья

busa cukur

лосьон после бритья

aftershave

расческа

sisir

щетка

sikat

фен

alat pengering rambut

лак для волос

semprot rambut

косметика

makeup

губная помада

lipstik

лак для ногтей

cat kuku

вата

kapas

маникюрные ножницы

gunting kuku

духи

minyak wangi

косметичка

kantong pencuci

табуретка

bangku

весы

timbangan

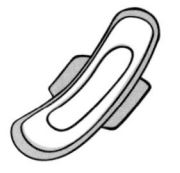

халат

mantel mandi

резиновые перчатки

sarung tangan karet

тампон

tampon

гигиеническая прокладка

handuk pembalut

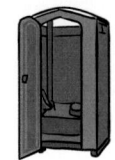

биотуалет

toilet kimia

детская комната

kamar anak

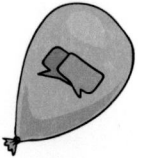

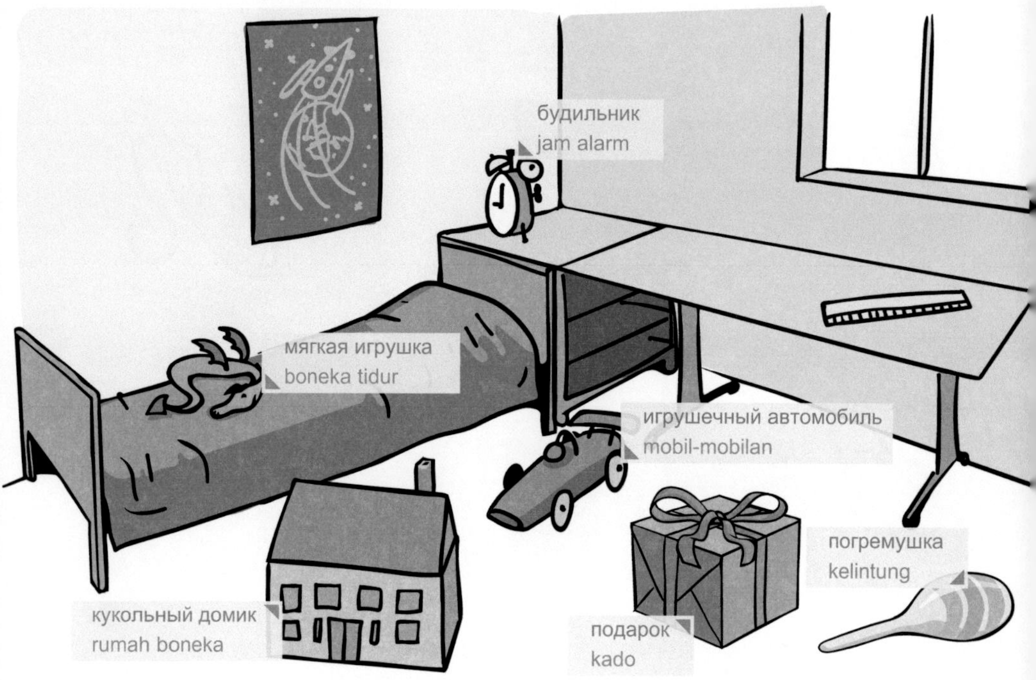

будильник
jam alarm
мягкая игрушка
boneka tidur
игрушечный автомобиль
mobil-mobilan
погремушка
kelintung
кукольный домик
rumah boneka
подарок
kado

воздушный шар

balon

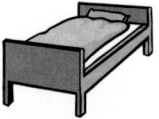

кровать

tempat tidur

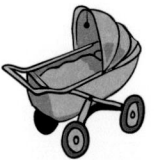

детская коляска

kereta bayi

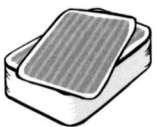

карточная игра

mainan kartu

пазл

teka-teki

SUPER
MEGA

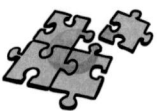

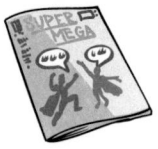

комикс

komik

кирпичики Лего

mainan lego

кубики

blok mainan

игрушечная фигурка

figur aksi

ползунки

baju monyet

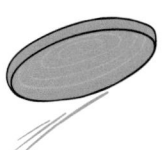

фрисби

frisbee

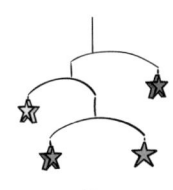

мобиле

mobile

настольная игра

permainan papan

кубик

dadu

модель железной дороги

set model kreta api

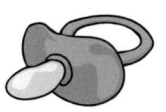

соска

dot

вечеринка

pesta

книга с картинками

buku gambar

мяч

bola

кукла

boneka

играть

bermain

песочница

tempat main pasir

качели

ayunan

игрушка

mainan

игровая приставка

video game konsol

трёхколесный велосипед

sepeda roda tiga

плюшевый медвежонок

teddy

шкаф для одежды

lemari pakaian

одежда

pakaian

носки

kaos kaki

чулки

kaos kaki

колготки

baju ketat

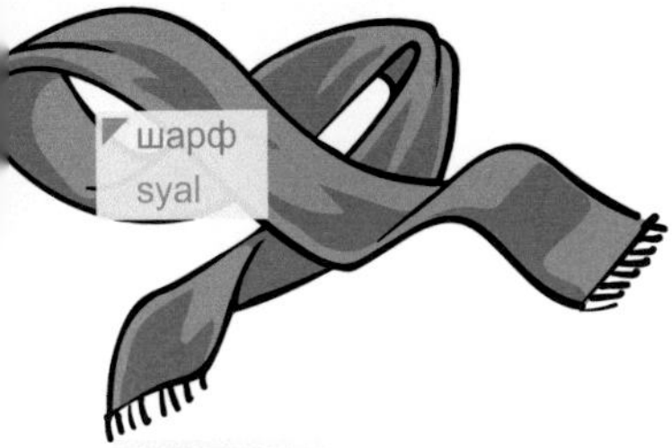

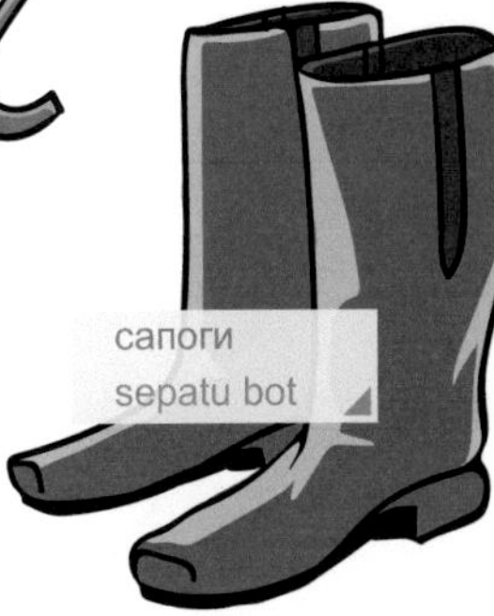

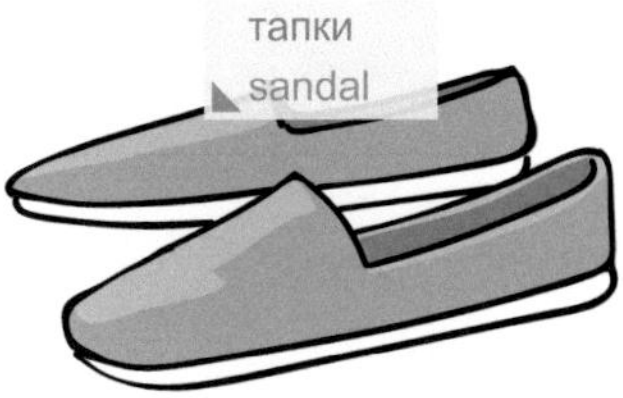

шарф
syal

зонтик
payung

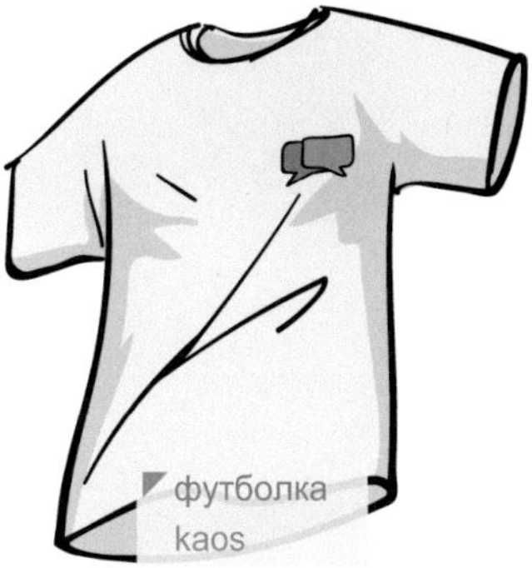

футболка
kaos

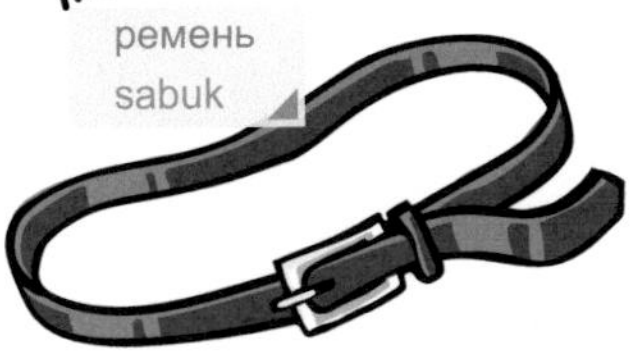

ремень
sabuk

сапоги
sepatu bot

тапки
sandal

кроссовки
sepatu

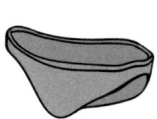

сандалии
sandal

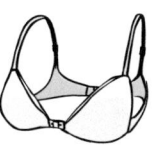

ботинки
sepatu

резиновые сапоги
sepatu bot karet

трусы
celana dalam

бюстгальтер
BH

майка
baju rompi

боди

body

брюки

celana

джинсы

jeans

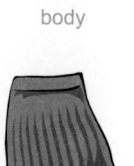

юбка

rok

блузка

blus

рубашка

kemeja

свитер

aket berkerudung

свитер

sweater

спортивная куртка

jaket

жакет

jaket

пальто

mantel

плащ

jas hujan

костюм

kostum

платье

gaun

свадебное платье

gaun pengantin

мужской костюм

setelan resmi

ночная сорочка

gaun tidur

пижама

piyama

сари

sari

платок

jilbab

тюрбан

turban

паранджа

burka

кафтан

kaftan

абайя

abaya

купальник

pakaian renang

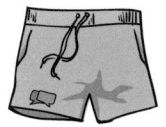

плавки

celana renang

шорты

celana pendek

спортивный костюм

olah raga

фартук

celemek

перчатки

sarung tangan

пуговица

kancing

очки

kacamata

браслет

gelang

цепочка

kalung

кольцо

cincin

серьга

anting

шапка

topi

вешалка

gantungan mantel

шляпа

topi

галстук

dasi

застежка молния

ritsleting

шлем

helm

подтяжки

tali selempang

школьная форма

seragam sekolah

форма

seragam

детский нагрудник

oto

соска

dot

подгузник

popok

офис
kantor

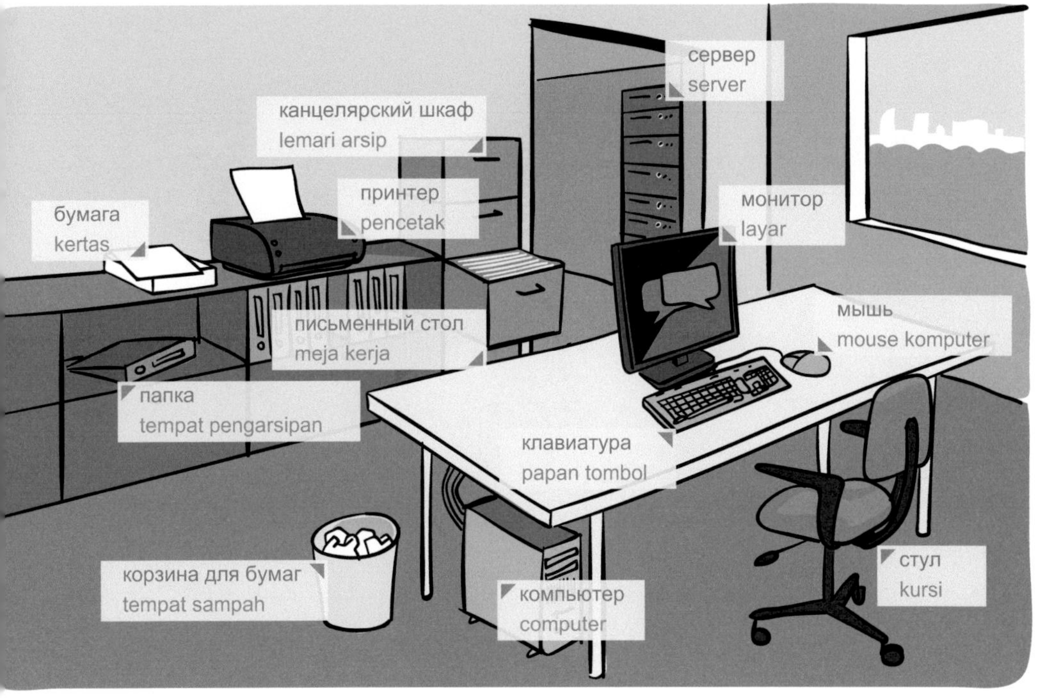

сервер
server

канцелярский шкаф
lemari arsip

принтер
pencetak

бумага
kertas

монитор
layar

письменный стол
meja kerja

мышь
mouse komputer

папка
tempat pengarsipan

клавиатура
papan tombol

корзина для бумаг
tempat sampah

компьютер
computer

стул
kursi

кофейная кружка

cangkir kopi

калькулятор

kalkulator

интернет

internet

ноутбук

laptop

письмо

surat

сообщение

pesan

мобильный телефон

telepon seluler

сеть

jaringan

ксерокс

fotokopi

программа

software

телефон

telepon

розетка

plug soket

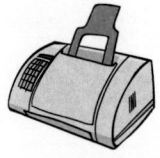

факс

mesin fax

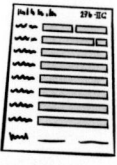

формуляр

formulir

документ

dokumen

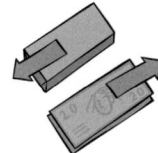

покупать

membeli

платить

membayar

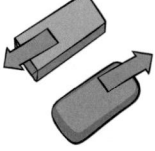

торговать

berdagang

деньги

uang

доллар

Dollar

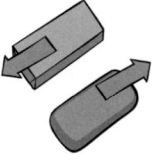

евро

Euro

иена

Yen

рубль

Rubel

франк

Franc Swiss

жэньминьби юань

Renminbi Yuan

рупия

Rupiah

банкомат

ATM

пункт обмена валюты

kantor pertukaran mata uang

золото

emas

серебро

perak

нефть

minyak

энергия

energi

цена

harga

договор

kontrak

налог

pajak

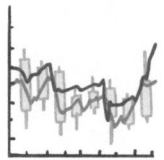

акция

saham

работать

bekerja

служащий

karyawan

работодатель

majikan

фабрика

pabrik

магазин

toko

профессии

pekerjaan

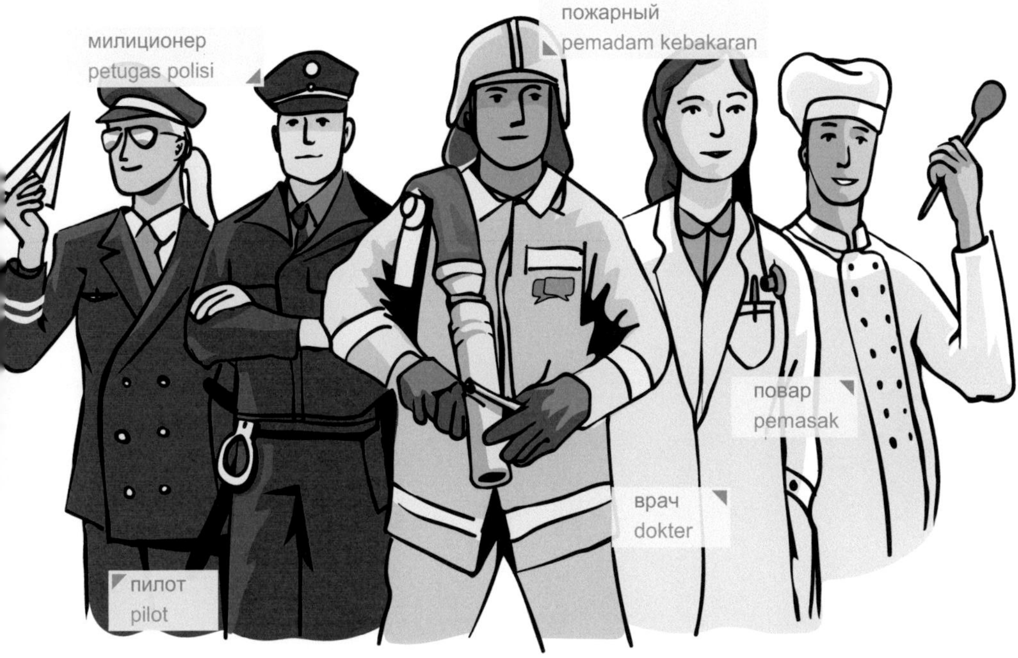
милиционер
petugas polisi
пожарный
pemadam kebakaran
повар
pemasak
врач
dokter
пилот
pilot

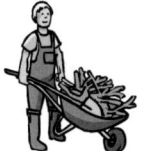

садовник

tukan kebun

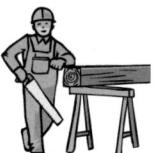

столяр

tukang kayu

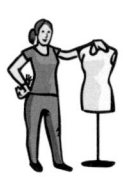

швея

penjahit wanita

судья

hakim

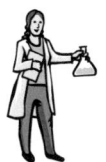

химик

ahli kimia

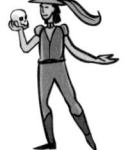

актёр

aktor

водитель автобуса

sopir bis

таксист

sopir taksi

рыбак

nelayan

уборщица

pembantu

кровельщик

tukang atap

официант

pelayan

охотник

pemburu

художник

pelukis

пекарь

tukang roti

электрик

tukang listrik

строитель

pembangun

инженер

insinyur

мясник

tukang daging

сантехник

tukang ledeng

почтальон

tukang pos

солдат

tentara

архитектор

arsitek

кассир

kasir

флорист

penjual bunga

парикмахер

penata rambut

кондуктор

konduktor

механик

montir

капитан

kapten

зубной врач

dokter gigi

ученый

ilmuwan

раввин

rabbi

имам

imam

монах

biarawan

священник

pendeta

инструменты

alat

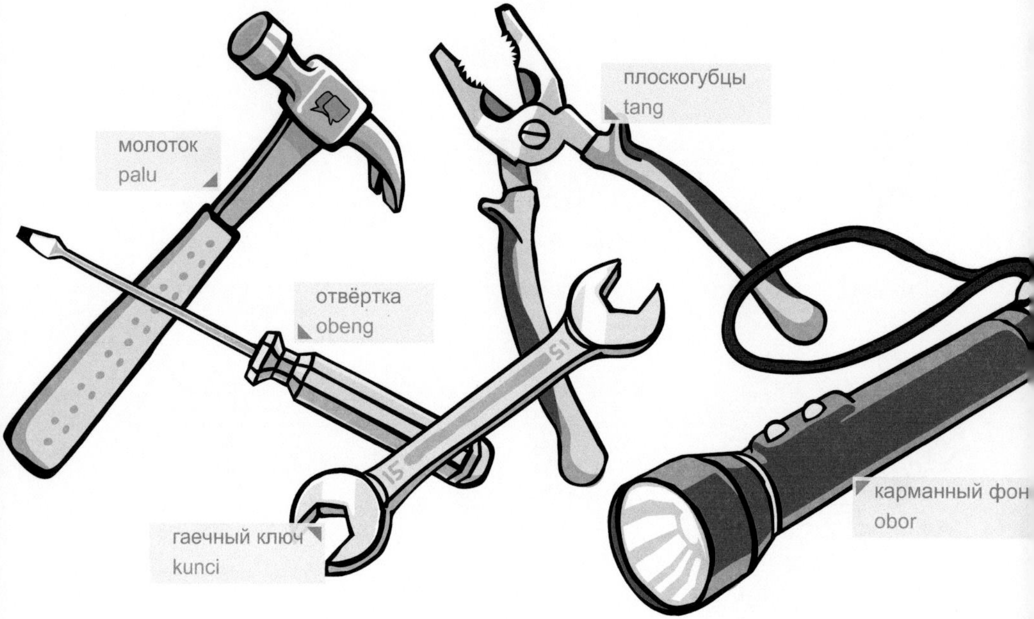
плоскогубцы
tang
молоток
palu
отвёртка
obeng
гаечный ключ
kunci
карманный фон
obor

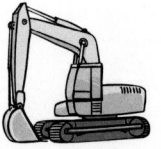

экскаватор

penggali

ящик для инструментов

tas perkakas

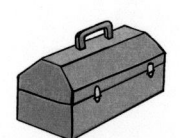

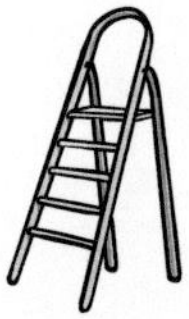

стремянка

tangga

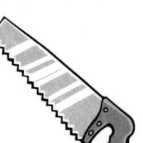

пила

gergaji

гвозди

paku

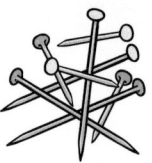

дрель

bor

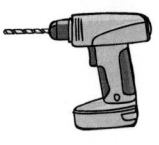

ремонтировать

perbaikan

лопата

sekop

Блин!

Sialan!

совок

cikrak

ведро с краской

pot cat

винты

sekrup

музыкальные инструменты

alat musik

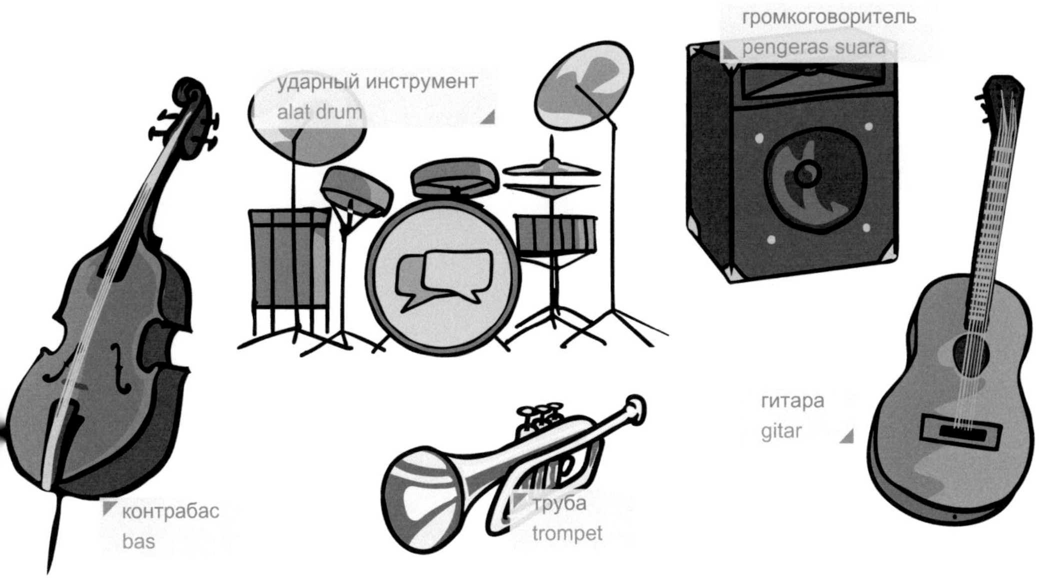

громкоговоритель
pengeras suara

ударный инструмент
alat drum

гитара
gitar

контрабас
bas

труба
trompet

пианино

piano

скрипка

violin

бас-гитара

bass

литавры

tambur

барабан

drum

синтезатор

keyboard

саксофон

saksofon

флейта

suling

микрофон

mikrofon

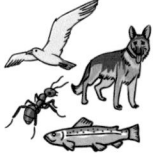

зоопарк

kebun binatang

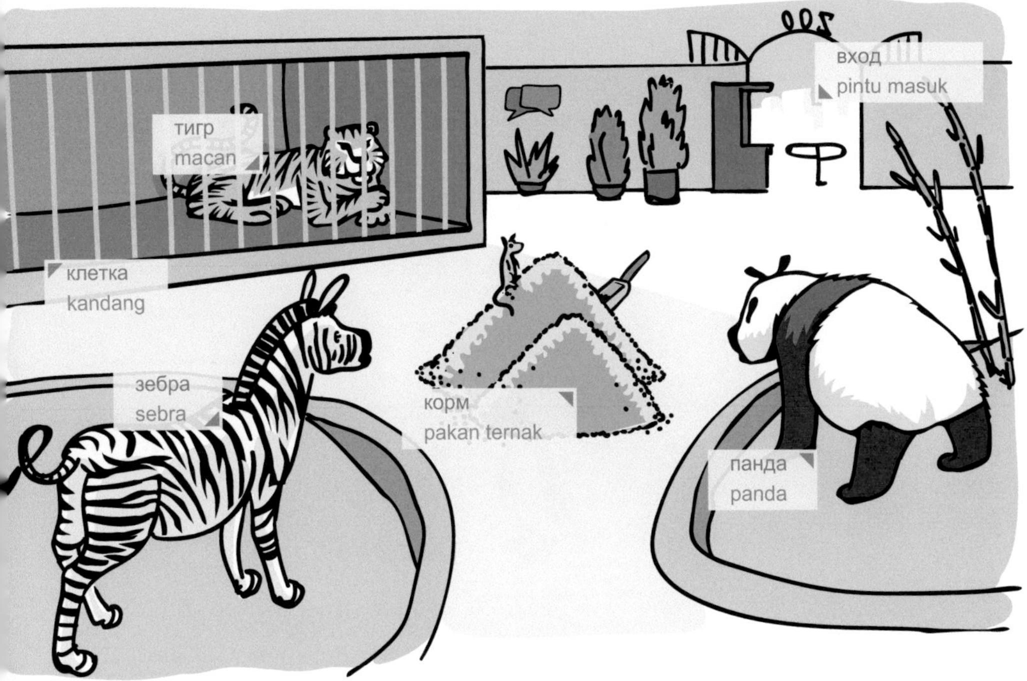
тигр
macan
вход
pintu masuk
клетка
kandang
зебра
sebra
корм
pakan ternak
панда
panda

животные

hewan

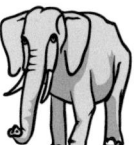

слон

gajah

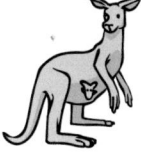

кенгуру

kanguru

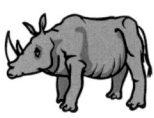

носорог

badak

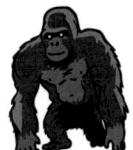

горилла

gorila

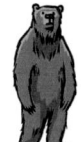

медведь

beruang

верблюд

unta

страус

burung unta

лев

singa

обезьяна

monyet

фламинго

flamingo

попугай

burung beo

белый медведь

beruang polar

пингвин

penguin

акула

hiu

павлин

merak

змея

ular

крокодил

buaya

служитель зоопарка

penjaga kebun binatang

тюлень

segel

ягуар

jaguar

пони

kuda poni

леопард

macan tutul

бегемот

kuda nil

жираф

jerapah

орёл

burung elang

кабан

babi jantan

рыба

ikan

черепаха

kura-kura

морж

anjing laut

лиса

rubah

газель

kijang

зоопарк - kebun binatang   61

спорт
olahraga

американский футбол
american football

езда на велосипеде
naik sepeda

теннис
tennis

баскетбол
basketbal

плавание
bernang

хоккей
hoki es

бокс
tinju

футбол
sepak bola

бадминтон
badminton

лёгкая атлетика
atletik

гандбол
bola tangan

лыжный спорт
main ski

поло
polo

действия
aktivitas

смеяться
ketawa
прыгать
meloncat
обнимать
memeluk
идти
berjalan
петь
menyanyi
мечтать
mengimpi
молиться
berdoa
целовать
mencium

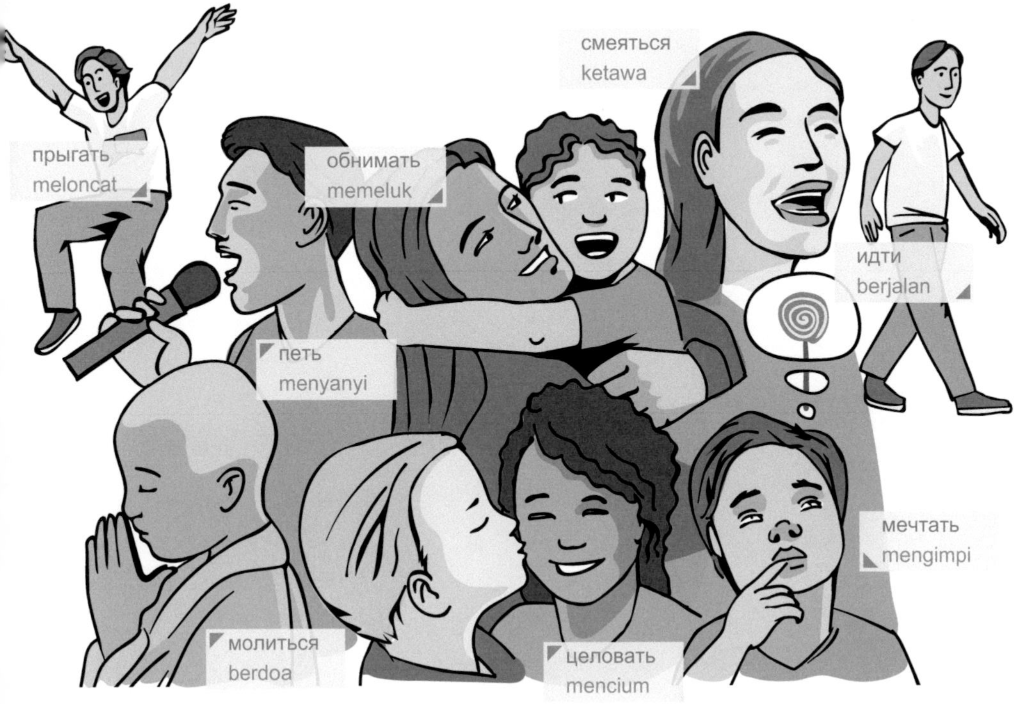

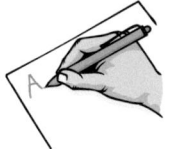

писать

menulis

рисовать

melukis

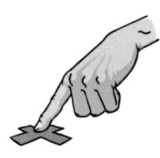

показывать

menunjuk

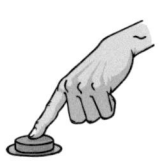

нажимать

mendorong

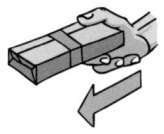

давать

memberikan

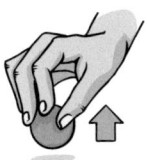

брать

mengambil

иметь

mempunyai

делать

melakukan

быть

adalah

стоять

berdiri

бежать

berlari

тянуть

menarik

бросать

melempar

падать

jatuh

лежать

tidur

ждать

menunggu

носить

membawa

сидеть

duduk

надевать

berpakaian

спать

tidur

просыпаться

bangun

рассматривать

melihat

плакать

menangis

гладить

mengelus

причесывать

menyisir

говорить

berbicara

понимать

mengerti

спрашивать

menanyak

слушать

mendengar

пить

minum

кушать

makan

наводить порядок

merapikan

любить

cinta

готовить

memasak

ехать

menyetir

летать

terbang

ходить под парусом

berlayar

считать

menghitung

читать

membaca

учиться

belajar

работать

bekerja

вступать в брак

menikah

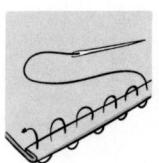

шить

menjahit

чистить зубы

sikat gigi

убивать

membunuh

курить

merokok

отправлять

kirim

бабушка
nenek

дедушка
kakek

папа
bapak

мама
ibu

младенец
bayi

дочь
putri

сын
putra

гость

tamu

тетя

bibi

дядя

paman

брат

kakak laki

сестра

kakak perempuan

тело

badan

  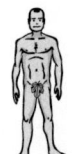   

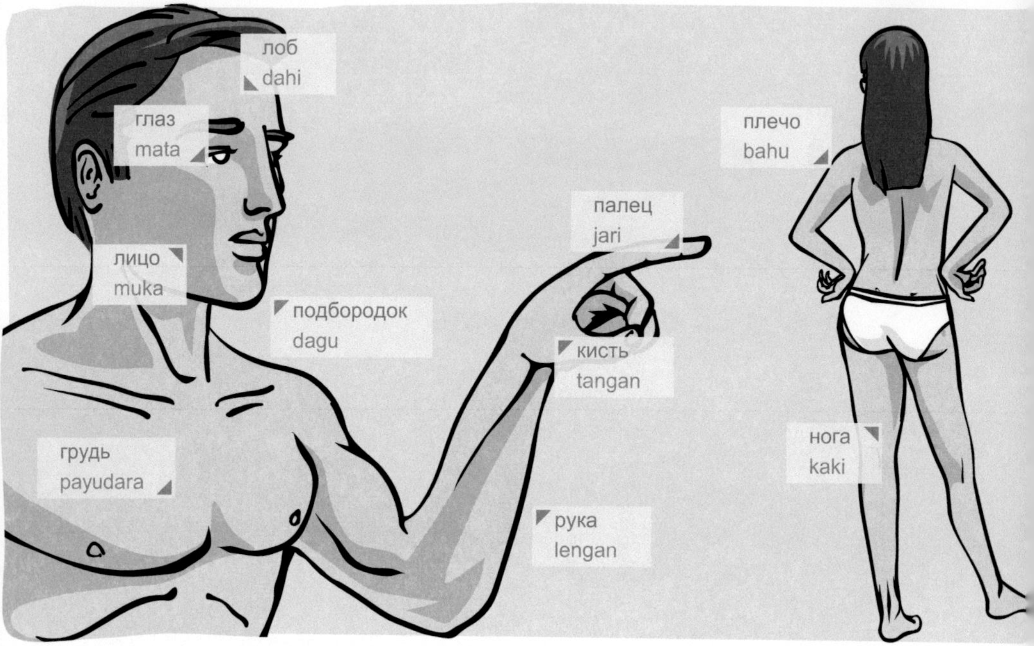

лоб
dahi

глаз
mata

лицо
muka

подбородок
dagu

грудь
payudara

палец
jari

кисть
tangan

рука
lengan

плечо
bahu

нога
kaki

младенец
bayi

мужчина
pria

женщина
wanita

девочка
perempuan

мальчик
laki

голова
kepala

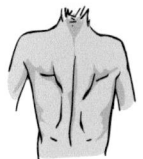

спина

punggung

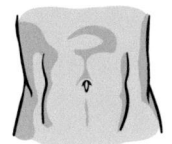

живот

perut

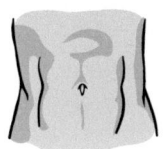

пупок

pusar

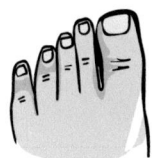

палец ноги

toe

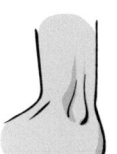

пятка

tumit

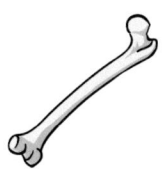

кость

tulang

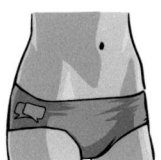

бедро

pinggang

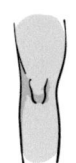

колено

lutut

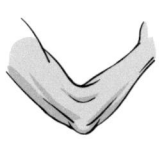

локоть

siku

нос

hidung

ягодицы

pantat

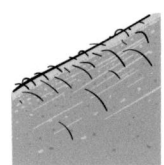

кожа

kulit

щека

pipi

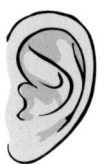

ухо

telinga

губа

bibir

тело - badan

рот

mulut

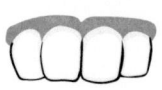

зуб

gigi

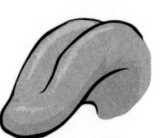

язык

lidah

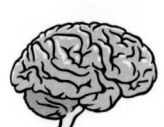

мозг

otak

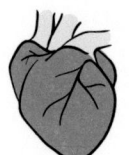

сердце

jantung

мышца

otot

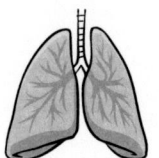

лёгкое

paru-paru

печень

hati

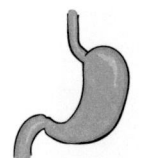

желудок

stomach

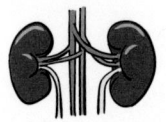

почки

ginjal

половой акт

hubungan seks

презерватив

kondom

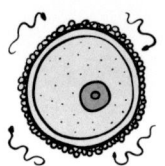

яйцеклетка

sel telur

сперма

sperma

беременность

kehamilan

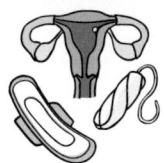

менструация

menstruasi

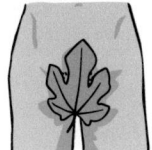

вагина

vagina

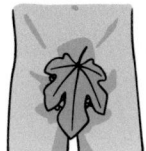

пенис

penis

бровь

alis

волосы

rambut

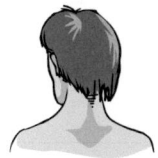

шея

leher

больница
rumah sakit

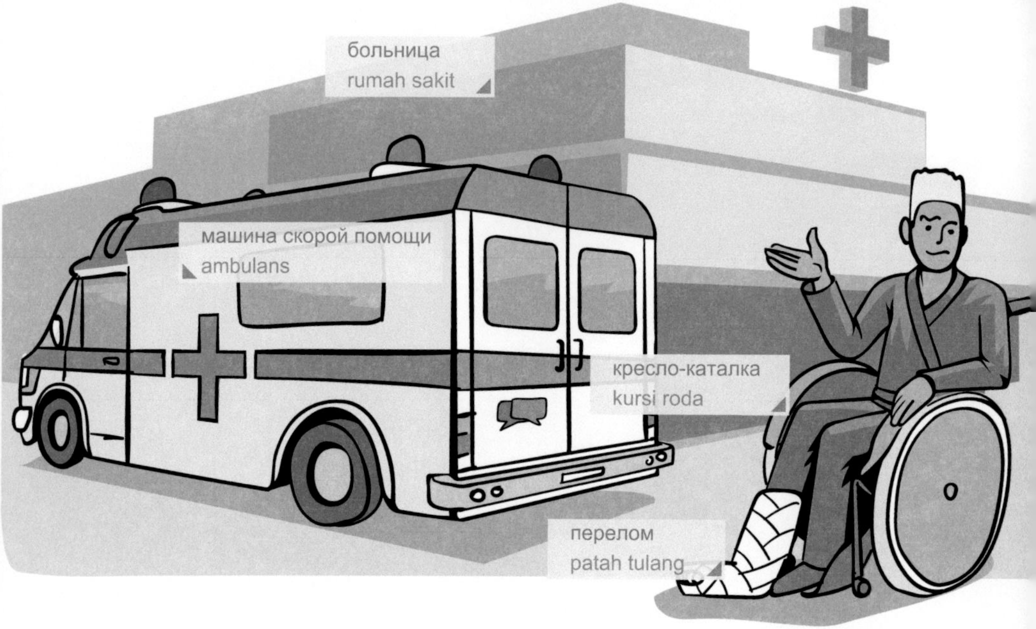

больница
rumah sakit

машина скорой помощи
ambulans

кресло-каталка
kursi roda

перелом
patah tulang

врач
dokter

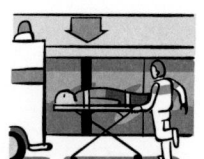

пункт первой помощи
ruang darurat

медсестра
perawat

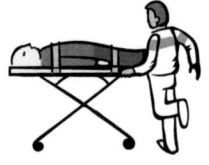

неотложный случай
darurat

без сознания
semaput

боль
sakit

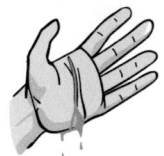

повреждение

cedera

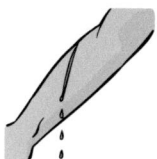

кровотечение

perdarahan

инфаркт

serangan jantung

инсульт

stroke

аллергия

alergi

кашель

batuk

повышенная температура

demam

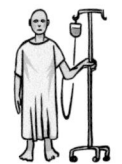

грипп

flu

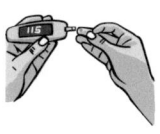

понос

diare

головная боль

sakit kepala

рак

kanker

диабет

diabetes

хирург

ahli bedah

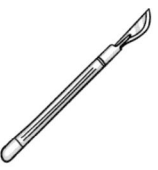

скальпель

pisau bedah

операция

operasi

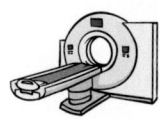

КТ

CT

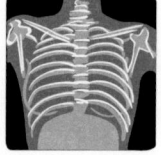

рентген

sinar x

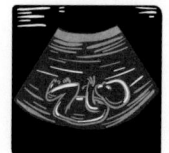

ультразвук

usg

маска

topeng

болезнь

penyakit

приёмная

ruang tunggu

костыль

penyokong

пластырь

plester

бинт

perban

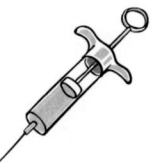

укол

injeksi

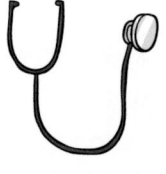

стетоскоп

stetoskop

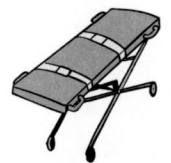

носилки

usungan

термометр

termometer klinis

рождение

kelahiran

избыточный вес

kelebihan berat badan

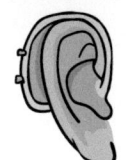

слуховой аппарат

alat pendengar

дезинфекционное средство

desinfektan

инфекция

infeksi

вирус

virus

ВИЧ / СПИД

HIV / AIDS

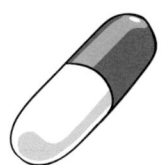

лекарство

obat

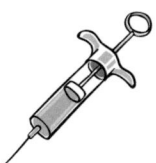

прививка

vaksinasi

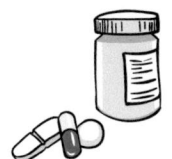

таблетки

tablet

противозачаточная таблетка

pil

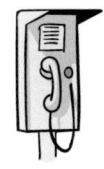

экстренный вызов

panggilan darurat

прибор для измерения кровяного давления

ukur tekanan darah

больной / здоровый

sakit / sehat

Помогите!
Tolong!

сигнал тревоги
alarm

нападение
penyerbuan

атака
serangan

опасность
bahaya

запасной выход
pintu darurat

Пожар!
Api!

огнетушитель
alat pemadam kebakaran

несчастный случай
kecelakaan

аптечка
kit pertolongan pertama

SOS
SOS

милиция
polisi

Европа

Eropa

Северная Америка

Amerika Utara

Южная Америка

Amerika Selatan

Африка

Afrika

Азия

Asia

Австралия

Australi

Атлантический океан

Atlantik

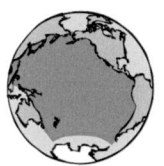

Тихий океан

Pasifik

Индийский океан

Samudra India

Антарктический океан

Samudra Antartika

Северный Ледовитый океан

Samudra Arktik

Северный полюс

kutub utara

Южный полюс

kutub selatan

Антарктика

Antarktika

земля

bumi

суша

tanah

море

laut

остров

pulau

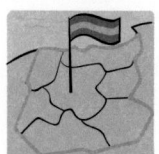

нация

bangsa

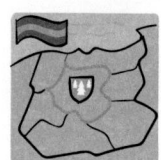

государство

negara

циферблат

jam wajah

часовая стрелка

jarum pendek

минутная стрелка

jarum menit

секундная стрелка

jarum detik

Который час?

Jam berapa?

день

hari

время

waktu

сейчас

sekarang

электронные часы

jam digital

минута

menit

час

jam

неделя
minggu

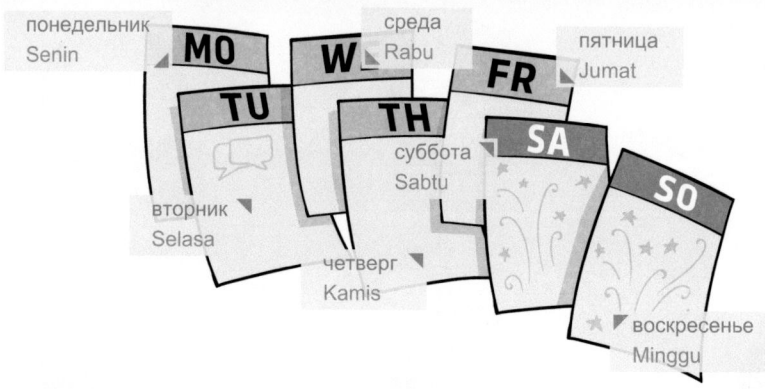

понедельник
Senin

среда
Rabu

пятница
Jumat

вторник
Selasa

четверг
Kamis

суббота
Sabtu

воскресенье
Minggu

вчера

kemaren

сегодня

hari ini

завтра

besok

утро

pagi

полдень

siang

вечер

malam

рабочие дни

hari kerja

выходные

akhir minggu

дождь
hujan

радуга
pelangi

ветер
angin

снег
salju

весна
musim semi

осень
musim gugur

лето
musim panas

зима
musim dingin

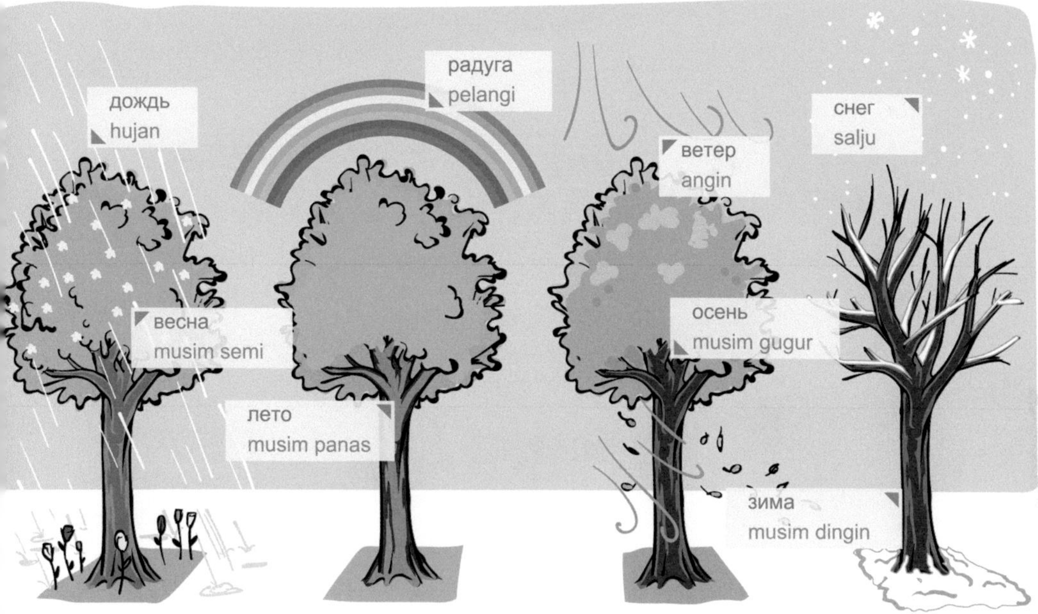

прогноз погоды

ramalan cuaca

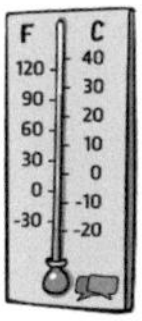

термометр

termometer

солнечный свет

matahari

туча

awan

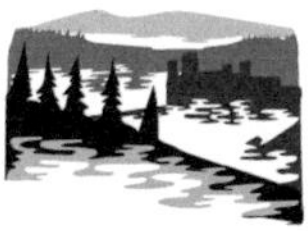

туман

kabut

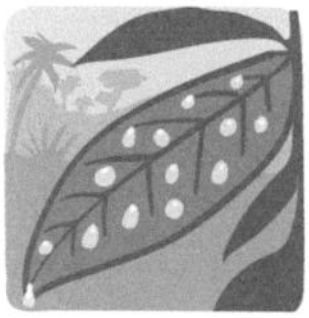

влажность воздуха

kelembahan

молния

kilat

гром

guntur

буря

badai

град

hujan es

муссон

monsun

наводнение

banjir

лёд

es

январь

Januari

февраль

Februari

март

Maret

апрель

April

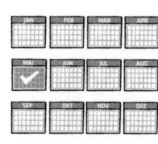

май

Mei

июнь

Juni

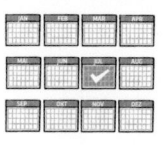

июль

Juli

август

Agustus

сентябрь

September

октябрь

Oktober

ноябрь

November

декабрь

Desember

формы
bentuk

круг

lingkaran

квадрат

persegi

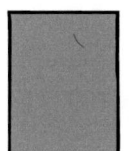

прямоугольник

persegi panjang

треугольник

segi tiga

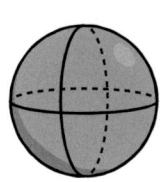

шар

bola

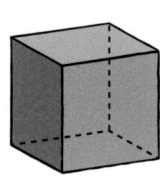

куб

kubus

цвета

warna-warna

белый

putih

желтый

kuning

оранжевый

oranye

розовый

pink

красный

merah

лиловый

ungu

синий

biru

зелёный

hijau

коричневый

coklat

серый

abu-abu

черный

hitam

много / мало

banyak / sedikit

яростный / мирный

marah / tenang

красивый / уродливый

cantik / jelek

начало / конец

mulaih / selesai

большой / маленький

besar / kecil

светлый / темный

terang / gelap

брат / сестра

saudara laki-laki / saudara perempuan

чистый / грязный

bersih / kotor

полный / неполный

lengkap / tidak lengkap

день / ночь

hari / malam

мёртвый / живой

mati / hidup

широкий / узкий

luas / sempit

съедобный / несъедобный

dapat dimakan / tidak dapat dimakan

злой / дружелюбный

jahat / baik

взволнованный / скучающий

bersemangat / bosan

толстый / худой

gemuk / kurus

сначала / в конце

pertama / terakhir

друг / враг

teman / musuh

полный / пустой

penuh / kosong

твёрдый / мягкий

keras / lembut

тяжёлый / легкий

berat / enteng

голод / жажда

lapar / haus

больной / здоровый

sakit / sehat

незаконный / законный

ilegal / legal

умный / глупый

cerdas / bodoh

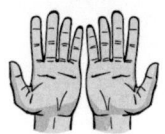

слева / справа

kiri / kanan

близко / далеко

dekat / jauh

новый / подержанный

baru / bekas

ничто / нечто

tidak ada apapun / sesuatu

старый / молодой

tua / muda

включено / выключено

nyala / mati

открыто / закрыто

buka / tutup

тихо / громко

tenang / keras

богатый / бедный

kaya / miskin

правильный /
неправильный
benar / salah

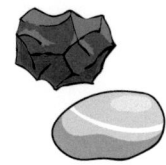

шероховатый / гладкий

kasar / halus

печальный / счастливый

sedih / gembira

короткий / длинный

pendek / panjang

медленный / быстрый

pelan-pelan / cepat

мокрый / сухой

basah / kering

тёплый / прохладный

hangat / sejuk

война / мир

perang / damai

цифры

angka-angka

0
ноль
nol

1
один
satu

2
два
dua

3
три
tiga

4
четыре
empat

5
пять
lima

6
шесть
enam

7
семь
tujuh

8
восемь
delapan

9
девять
sembilan

10
десять
sepuluh

11
одиннадцать
sebelas

12

двенадцать

duabelas

13

тринадцать

tigabelas

14

четырнадцать

empatbelas

15

пятнадцать

limabelas

16

шестнадцать

enambelas

17

семнадцать

tujuhbelas

18

восемнадцать

delapanbelas

19

девятнадцать

sembilanbelas

20

двадцать

duapuluh

100

сто

seratus

1.000

тысяча

seribu

1.000.000

миллион

juta

английский

Inggris

американский английский

bahasa Inggris Amerika

мандаринский китайский

bahasa Cina Mandarin

хинди

bahasa Hindi

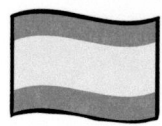

испанский

bahasa Spanyol

французский

bahasa Perancis

арабский

bahasa Arab

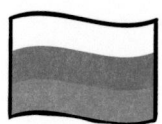

русский

bahasa Rusia

португальский

bahasa Portugis

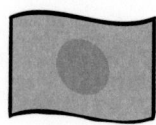

бенгальский

bahasa Bengal

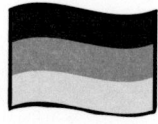

немецкий

bahasa Jerman

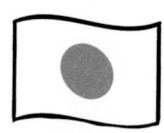

японский

bahasa Jepang

кто / что / как
siapa / apa / begaimana

я

saya

ты

kamu

он / она / оно

dia

мы

kita

вы

kalian

они

mereka

кто?

siapa?

что?

apa?

как?

begaimana?

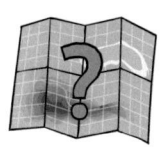

где?

dimana?

когда?

kapan?

имя

nama

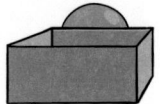

за

dibelakang

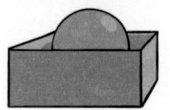

в

di

перед

didepan

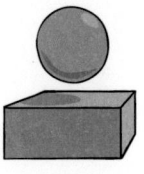

над

diatas

на

diatas

под

dibawah

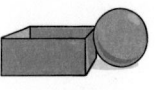

рядом

sebelah

между

di antara

место

tempat